- En cadeau -

LA VERSION AUDIO DU LIV

COMMENT ÇA MARCHE ?

1

Téléchargez l'app
Quelle Histoire

2

Déverrouillez
votre livre

3

Écoutez
votre histoire

Application compatible toutes tablettes et smartphones
à partir de iOS 8 et Android 4.4.

- Collection -
THÉMATIQUES

Complétez votre collection sur

www.quellehistoire.com

- Collection -
PERSONNAGES

Complétez votre collection sur

www.quellehistoire.com

Quelle Histoire

Édition et conception : Unique Heritage Editions SAS. 141, boulevard Ney 75018 Paris
Illustrations : Bruno Wennagel, Mathieu Ferret, Aurélien Fernandez, Claire Martin, Paul Cotoni
Textes : Patricia Crété
Édition : Leslie-Fleur Picardat
Direction artistique : Kagna Toung
Maquette : Marie Colas

Siège social : 141, boulevard Ney 75018 Paris

www.quellehistoire.com

Fabriqué par Labelfab / Imprimé en France par Stin Imprimerie - Toulouse

Dépôt légal février 2016

Loi n°49-956 du 16 juillet 1949 sur les publications destinées à la jeunesse

PEFC 10-31-2841

LES GAULOIS

Des tribus d'origine celte

Sais-tu d'où viennent nos ancêtres les Gaulois, que l'on dit « irréductibles » ? Ce sont des Celtes, installés à l'origine près du Danube, dans l'est de l'Europe. Au tournant du IVe siècle av. J.-C., les voici partis en longues colonnes vers la France, l'Espagne et les îles Britanniques actuelles. Ils vont créer une véritable civilisation. Près de 64 peuples ont été recensés en Europe, dont certains ont donné leur nom à des lieux. Par exemple, l'Auvergne, que tu connais peut-être, doit son nom à la tribu des Arvernes.

La vie au village

Les Gaulois ont une société très organisée. Les guerriers et les nobles font la guerre. Les druides s'occupent de religion. Les producteurs font vivre le village. La femme, quant à elle, gère la maison, confectionne les vêtements et prend part aux travaux des champs : culture de céréales, lin et vigne ; élevage des poules, canards, oies, parfois des moutons. Tout comme aujourd'hui, à la campagne. L'homme chasse… tu as deviné quoi ? Eh oui, le sanglier ! Il travaille aussi à la forge du village.

Les maîtres de la forge

Excellents forgerons, ils font des outils en cuivre ou en étain et des bijoux en or et en argent. Ils sont en plus des inventeurs. En agriculture, ils mettent au point une moissonneuse à roues dentelées, le soc pour retourner la terre, la faux pour couper le foin, et le tonneau en bois cerclé de fer. Des objets que tu connais bien aujourd'hui viennent directement de leur civilisation : le matelas en laine, le rasoir, le savon. Et, bien entendu, le pantalon, que l'on appelle à cette époque, des braies.

L'art de bien commercer

Les Gaulois inventent aussi toutes sortes de chariots et de charrettes qui leur permettent de voyager et de commercer très loin de chez eux. On a retrouvé ainsi dans la tombe gauloise de Vix (Côte-d'Or) des objets venant de Grèce. La monnaie, de bronze, d'or ou d'argent, va faciliter les échanges commerciaux. Notamment avec les Romains lorsqu'ils sont en période de paix. Les Gaulois vendent alors de la charcuterie et achètent du vin italien dont ils raffolent.

À boire avec modération, même à cette époque-là !

Les guerriers et leurs armes

Souviens-toi, dans la société gauloise, on a les artisans, les paysans et les éleveurs. Et puis il y a les guerriers et les nobles qui sont formés à la guerre depuis l'enfance. Ils ont des chevaux, combattent en char, sont armés d'épées et de lances, protégés d'une cotte de mailles, d'un casque en bronze, d'un bouclier et de jambières. Pour les aider, ils font appel aux hommes du peuple qui combattent à pied. Ils sont, quant à eux, armés d'une simple hache et d'un casque en fer. Les voilà prêts pour la bataille.

À l'attaque !

Soudain, des rangs gaulois, s'élèvent le son du carnyx (cet étrange instrument de musique de 3 m de haut à tête de sanglier) et les chants de guerre des soldats qui, en même temps, agitent leurs armes pour faire peur à l'adversaire. Puis les chars, conduits par un écuyer, se lancent à l'attaque. À bord, le chef manie la lance et les hommes en descendent et vont se battre à pied. Les plus courageux combattent torse nu. Après la victoire, il faudra remercier le dieu Toutatis, protecteur de la tribu.

La puissance des druides

Enfin, voici le groupe des druides dont le rôle est très important dans la société gauloise, puisqu'ils sont les seuls à connaître l'écriture. Ce sont de véritables prêtres mais ils sont aussi conseillers politiques, juges et ambassadeurs. D'ailleurs, on ne part pas à la guerre sans leur accord. En plus, ils sont aussi médecins… pas vraiment comme celui qui te soigne mais plutôt comme un mage qui utilise les plantes. Ainsi, avec le gui qu'il cueille traditionnellement avec une serpe en or, il fabrique une espèce de potion magique.

La nature divinisée

La nature, notamment l'eau bienfaitrice et guérisseuse, est célébrée par les druides dans un lieu sacré, le nemeton, toujours situé dans une clairière. Ils y vénèrent Borvo, le dieu des sources bouillonnantes ; Damona, la déesse des sources sacrées ; et puis Sequana, la nymphe guérisseuse des sources d'un fleuve, que tu connais… il traverse Paris. Réfléchis, eh oui ! c'est la Seine. Dans ces sanctuaires, on y fête la sortie des troupeaux au printemps ou le solstice d'été, par de grands repas, des jeux rituels et des concours de poésies.

Le rôle des bardes

Les bardes sont les stars de ces réunions festives qui réunissent tout le village. Ils récitent des poèmes, racontent des histoires merveilleuses, chantent et jouent de la musique : de la syrinx (flûte), de la bolga (biniou), de la crotta (harpe), des taballos (tambourin), clochettes et guimbardes, toujours utilisés aujourd'hui par un certain nombre de groupes folkloriques bretons. Quelques-unes de ces fêtes ont été conservées dans notre calendrier, comme Imbolc, devenu la Chandeleur, que l'on fête désormais le 2 février.

Tu sais… le jour où l'on fait sauter les crêpes.

La civilisation gallo-romaine

Ainsi vivaient les Gaulois lorsque, en l'an 58 av. J.-C., un général romain nommé Jules César attaque la Gaule, le nom que les Romains ont donné à notre pays. Il met sept ans à conquérir le territoire, malgré la résistance héroïque du grand chef des Arvernes, Vercingétorix. Puis, il écrit un gros livre sur les Gaulois grâce auquel on peut connaître la vie de nos ancêtres. Les révoltes contre les Romains se succèdent jusqu'en 70 apr. J.-C., date à laquelle toutes les tribus gauloises choisissent d'accepter les Romains, créant une nouvelle civilisation... gallo-romaine.

X

406-396 av. J.-C. Les Gaulois pénètrent en Gaule, s'avancent jusqu'en Espagne et en Italie.

250 av. J.-C. La Gaule est entièrement gauloise. Les Parisii s'installent à Lutèce (future Paris).

210 av. J.-C. Apogée de l'art gaulois.

105 av. J.-C. Les Gaulois résistent aux Romains, à Orange, dans le sud de la France.

450 av. J.-C.

390 av. J.-C. Brennos le Gaulois assiège Rome.

218 av. J.-C. Les Gaulois aident Hannibal dans sa traversée de la Gaule.

200 av. J.-C. Soumission définitive des Gaulois d'Italie par Rome.

58 av. J.-C. Début de la conquête de la Gaule par César. Victoire romaine de Bibracte.

56 av. J.-C.
Victoire navale de César en Bretagne.

52 av. J.-C.
Victoire romaine d'Alésia. Vercingétorix est fait prisonnier.

15-13 av. J.-C.
Organisation de la Gaule romaine en trois provinces : Lyonnaise, Belgique, Aquitaine.

70 apr. J.-C.
Assemblée des peuples gaulois réunie à Reims. Ils choisissent de rester fidèles à Rome. Fin de la révolte gauloise.

75 apr. J.-C.

53-52 av. J.-C.
Insurrection générale des Gaulois menée par Vercingétorix.

vers 57-43 av. J.-C.
Rédaction par César de ses *Commentaires sur la guerre des Gaules.*

68 apr. J.-C.
Révolte de toute la Gaule contre les Romains qui se prolonge pendant deux ans.

?

Dans ce livre sont représentées des dates suivies du petit texte « av. J.-C. », cela signifie que les dates où se déroulent les événements sont « avant Jésus-Christ », c'est-à-dire avant la naissance de Jésus-Christ qui représente l'année 1 du calendrier tel que nous le connaissons aujourd'hui. Ce calendrier s'appelle le calendrier grégorien.

La Gaule
1
2
3
4
5
6

Légende de LA CARTE

1 Avaricum (Bourges)

Capitale du peuple gaulois des Bituriges Cubes, la cité est prise par les Romains en avril 52 av. J.-C. après un siège de plusieurs mois. Elle est reconstruite avec des thermes, des amphithéâtres et des aqueducs, puis entourée d'une muraille gallo-romaine, dont il ne reste aujourd'hui rien.

2 Lutèce (région Parisienne)

Sa localisation exacte reste encore énigmatique. Capitale des Gaulois Parisii, elle est prise par les Romains en avril 52 av. J.-C. Dès lors, les Romains construisent une ville, la Lutèce gallo-romaine, dont subsistent sur la rive gauche de Paris les thermes, les arènes et l'emplacement du forum.

3 Entremont (Aix-en-Provence)

L'oppidum gaulois (ville fortifiée) , situé dans l'arrière-pays de Marseille, près d'Aix-en-Provence, capitale des Celto-Ligures, est pris par les Romains en 123 av. J.-C. Ils vont abandonner le site, aujourd'hui un lieu privilégié pour les archéologues.

4 Bibracte (Mont Beuvray)

Capitale des Éduens, et plus grand oppidum de Gaule, elle révèle des témoignages sur la vie des Gaulois. Un Musée de la civilisation celtique y est installé. Et tous les ans, des archéologues du monde entier y font d'incroyables découvertes. Les Romains y combattent en 58 av. J.-C.

5 Gergovie (sud de Clermont-Ferrand)

Capitale des Arvernes, l'oppidum reste le grand échec de César, en 52 av. J.-C. Les fouilles archéologiques révèlent l'existence d'un sanctuaire, en activité longtemps après l'abandon du site au profit de la nouvelle cité gallo-romaine de Clermont-Ferrand, située plus au nord.

6 Alésia (Alise-Sainte-Reine)

La localisation de cet oppidum, siège de la grande victoire des Romains en 52 av. J.-C. contre Vercingétorix, est longtemps restée controversée. Aujourd'hui, le site d'Alise-Sainte-Reine a été choisi, avec ses vestiges gallo-romains, son MuséoParc, ses reconstitutions et la statue de Vercingétorix qui domine.

LES DIEUX

• LUG •

Le père de la création, protecteur des arts.

• BORVO •

Le dieu des sources bouillonnantes.

• BELISAMA •

La « très brillante », déesse du feu, patronne des forgerons.

LES DIEUX

• TARANIS •

Le dieu à la roue, divinité du ciel, de la foudre et du tonnerre.

• TOUTATIS •

Le « père du peuple », protecteur de la tribu.

• CERNUNNOS •

Le dieu cornu, aux bois de cerf, divinité de la richesse et de la fécondité.

Brennos

(vers le IVe s. av. J.-C.)
Issu de la tribu gauloise des Senons (du côté de Sens, dans l'Yonne), le jeune chef inflige une terrible défaite aux Romains, le 18 juillet 390 av. J.-C., puis met à sac la ville de Rome, avant de repartir dans son pays.

Ambiorix

(vers le Ier s. av. J.-C.),
Chef des Éburons, un peuple gaulois établi dans le Nord, il réussit à battre les légions romaines de César en 54 av. J.-C. et devient un héros national de la Belgique. Sa statue se dresse sur la place de la ville belge de Tongres.

Vercingétorix

(80 av. J.-C.- 46 av. J.-C.)

Roi des Arvernes, il est devenu un héros car il réussit à battre Jules César à Gergovie. Mais peu de temps après, il est vaincu à Alésia, puis emprisonné six longues années à Rome avant d'être exécuté.

Jules César

(100 av. J.-C.- 44 av. J.-C.)

Homme politique, chef de guerre, il repousse les frontières de l'Empire romain en s'emparant de la Gaule. C'est grâce à lui et son livre sur la guerre des Gaules, que l'on connaît la civilisation gauloise que tu viens de découvrir.

Le Jeu des

7 ERREURS

Trouve les 7 différences entre l'image de gauche et l'image de droite.

Solution : Le trou dans l'arbre, la serpe, les cailloux, le rocher, la branche, la feuille, la grenouille.

Le Jeu du

LABYRINTHE

Aide ces gaulois à trouver le chemin de leur marmite.

Solution : le bon chemin est le numéro 3.

Le Jeu des

OMBRES

Retrouve la bonne ombre de Cernunnos.

Bonne réponse : l'ombre d.

Le Jeu du

QUIZ

1. À l'origine, les Gaulois sont installés près...

a. Du Danube

b. De l'Elbe

c. Du Rhin

d. Du Rhône

2. Qu'est-ce qu'un carnyx ?

a. Une arme

b. Un moyen de transport

c. Un instrument de médecine

d. Un instrument de musique

3. Dans quelle ville se situait Avaricum ?

a. À Aix-en-Provence

b. À Alise-Sainte-Reine

c. À Bourges

d. À Clermont-Ferrand

Bonnes réponses : 1.a / 2.d / 3.c

- Collection -

BEAUX-LIVRES

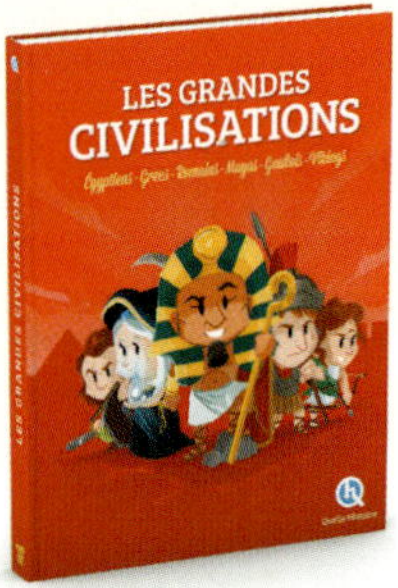

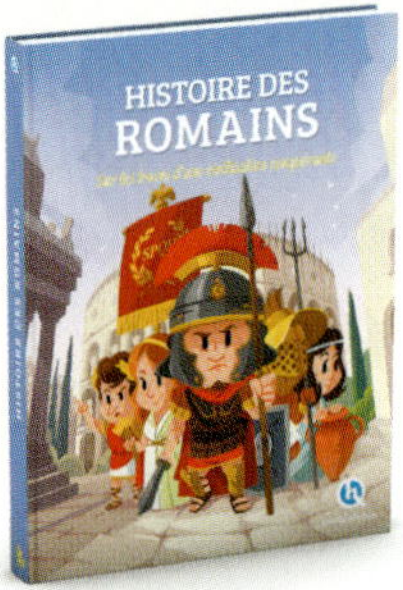

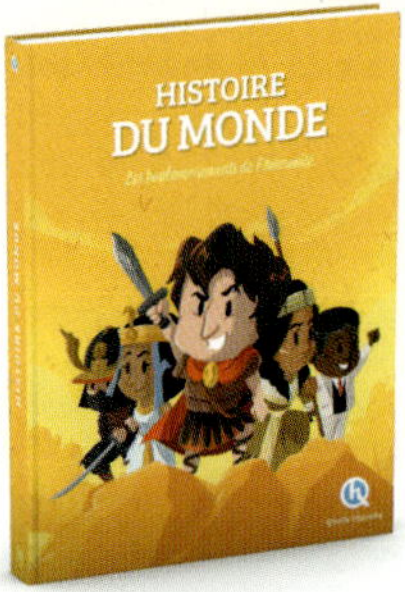

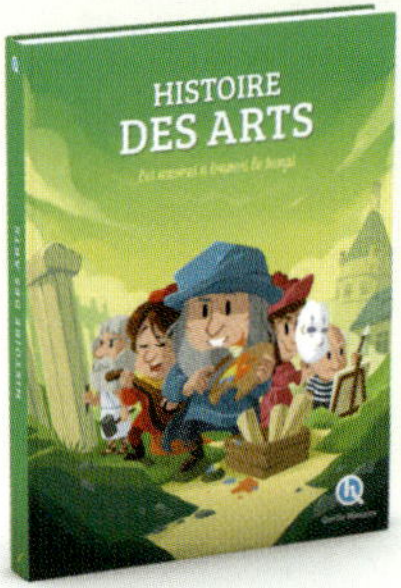

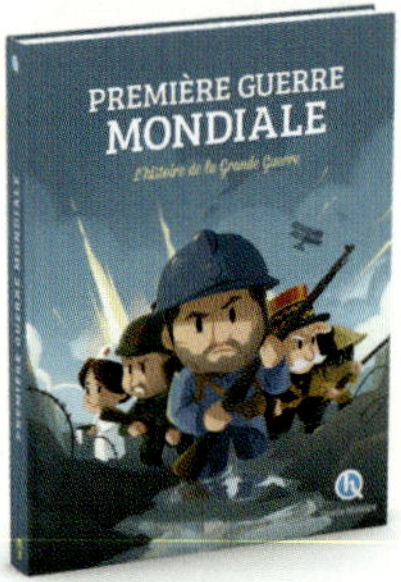

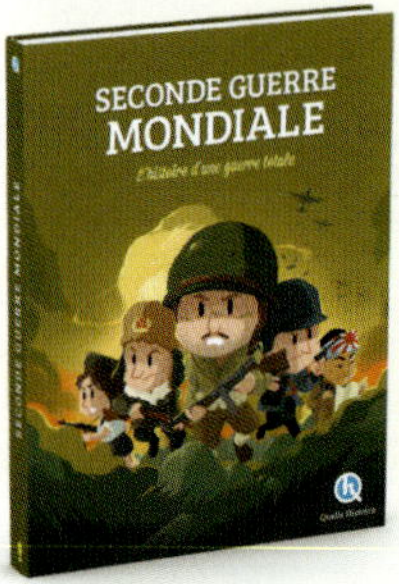

Complétez votre collection sur

www.quellehistoire.com